Reflexionen in der Zeit ...

... auf dem Weg zur Ewigkeit

Heinz Oswald

novum pro

Dieses Buch ist auch als
e-book erhältlich.

www.novumverlag.com

Bibliografische Information
der Deutschen Nationalbibliothek:

Die Deutsche Nationalbibliothek
verzeichnet diese Publikation in
der Deutschen Nationalbibliografie.
Detaillierte bibliografische Daten
sind im Internet über
http://www.d-nb.de abrufbar.

Alle Rechte der Verbreitung,
auch durch Film, Funk und Fernsehen,
fotomechanische Wiedergabe,
Tonträger, elektronische Datenträger
und auszugsweisen Nachdruck,
sind vorbehalten.

© 2016 novum Verlag

ISBN 978-3-99048-634-4
Lektorat: Tobias Keil
Umschlagfoto:
Zoom-zoom | Dreamstime.com
Umschlaggestaltung, Layout & Satz:
novum Verlag
Innenabbildungen:
siehe Bildquellennachweis S. 66

Gedruckt in der Europäischen Union
auf umweltfreundlichem, chlor- und
säurefrei gebleichtem Papier.

www.novumverlag.com

Inhaltsverzeichnis

Dichterpflicht 7
Rabe Mike 9
Neujahrsmorgen 10
Kälte 11
Das Blumenbouquet 13
Sehnsucht 14
Macht der Liebe 15
Ein selig' Herz 17
Regen auf Schnee 18
Liebeserwachen 19
Der Frühling 21
Frühlingserwachen 23
Frühlingshitze 25
Loslassen 26
Das Brieflein auf dem Gepäckträger 27
Ein Vögelein 29
Überraschung im Mai 31
Wieder im Mai 33
Der Blog 34
Missgunst 35
Falsche Weggefährten 36
Die Lüge 37
Nur den einen 38
Durchbruch 39
Huhn oder Ei? 41
Die Macht der Berge 43
Verspätete Gratulation 44
Hilferuf eines Mitangestellten 45
Meine Antwort 46
Limericks 47
Zum Abschied vom Portier 48
Zum Abschied einer Allroundsekretärin 49

Sommertraum 51
Abschied vom Herbst 53
Feuerbachs Gotteserweis 54
Meine Wenigkeit 55
Organischer Fehler
(von Dichter Rainer Brambach) 57
Meine Antwort auf „Organischer Fehler" 59
Wildschweinjagd 61
Vom Elend zur Herrlichkeit 63
Hoffnung 64
An einen Atheisten 65

Dichterpflicht

Eh' deine Hand zur Feder greift,
lass deine ersten Weh'n vergeh'n –
so Samen nicht durch Wahrheit reift,
lass daraus keine Frucht entsteh'n.

Rabe Mike

Wie mancher hat von manchem schon gedacht:
„Der hat ja einen Vogel" und über ihn gelacht.
Doch jedem Belachten möchte ich sagen frei,
dass ich, als Belachter, dann hätte deren zwei.

Neujahrsmorgen

Du führst den Pico aus – es ist noch Nacht,
nachdem das Krachen endlich Schluss gemacht.
Die Vöglein sind noch ganz erschreckt
und halten traurig sich bedeckt.
Doch die ersten Sonnenstrahlen
lassen vergessen diese Qualen:
ein neuer Tag im neuen Jahr!
Gottes Werke sind wunderbar!

Kälte

Kaum streift mein Geist den deinen,
von Kälte nur berührt,
ist mir, als müsst ich meinen,
es gäbe keinen Weg, der uns zusammenführt.

Das Blumenbouquet

Ja natürlich musste es nicht sein,
doch heute bist du daheim allein,
und noch will es nicht richtig lenzen,
darum soll dich dies „bekränzen".

Sehnsucht

Ich weine still –
die Nacht verbirgt's dem Licht;
mit sanftem Lächeln schaut sie schweigend zu.
Im Kissen berg' ich mein verweint' Gesicht,
im Kissen – finden auch die Tränen Ruh.

Macht der Liebe

Die Gedichte wurden plötzlich rar,
doch für mich bist du wunderbar!
Und ob ich fern oder nah dir bin,
mit Macht zieht es mich zu dir hin,
und Liebe wiegt Sehnsucht in den Schlaf,
weil in mein Herz deine Liebe traf!

Ein selig' Herz

Der Frühling küsst uns lieblich sacht –
Vorbei ist nun des Winters Nacht.
Ein selig' Herz, das noch kann staunen
und hört die schönen Blumen raunen:
Gott, der Herr, hat uns gemacht.

Regen auf Schnee

Der Schnee, bis vor Kurzem noch weiß und rein,
genoss nicht lange sein herrlich Sein:
Sein Bruder Regen kam auf Besuch,
der wurde dem Schnee zum wahren Fluch.
Dann fragt ihn der Regen: warum diese Pein?
Sei froh! Dank mir siehst du bald den Rhein!

Liebeserwachen

Als ich in deine Augen sah,
versank die Welt um mich.
Wie warst du mir so lieblich nah,
ich weiß: Ich liebe dich!

Der Frühling

Der Frühling bringt das Herz zum Lachen,
nur Gottes Macht konnte ihn machen:
Das duftige Säuseln, Summen, Pfeifen
lässt uns beinah den Himmel greifen.
Von Freude prangt die Blumenwies,
ein Vorgeschmack – vom Paradies.

Frühlingserwachen

Schau Susanne, die Gräser, wie sie schon sprießen!
Schau auf zu den Bäumen, wie Knospen dich grüßen:
Knospen und Gräser wiegt der Wind –
O dürft' ich dich wiegen,
wo heilige Stille –
wo Knospen und Gräser sind.

Frühlingshitze

Der Frühling sprießt aus allen Ritzen,
ja, er bringt uns bereits ins Schwitzen,
denn, was früher noch der Frühling war,
birgt heute bereits Hitzschlaggefahr.

Loslassen

Sieh', lieblicher Vogel,
meine Hände sind offen!
Flattere rege!
Fliege auf und schwebe –
du lebest im Licht.

Das Brieflein auf dem Gepäckträger

Ich sagte dir nicht: Danke, für deinen Brief heut' Nacht;
doch Freude hat mich innig zu dir hin lieb gemacht.
Mein Herz sang laut hinauf zu dir,
so wie's mein Mund nicht durft' –
es sang noch laut, als auf dem Rad ich längst davon gekurvt!

Ein Vögelein

Frühling ist's – die Luft vibriert
und manch ein Vöglein jubiliert
mit seinem Lied, in schönsten Tönen,
um uns – von Gott her – zu verwöhnen …

Überraschung im Mai

Frühling ist's, die Vögel pfeifen,
fröhlich in der Maienluft.
Was gut sein soll, muss lange reifen,
ist endlich dann – wie Blumenduft!
Nun ist er da, nach bangem Warten,
wir grüßen euren lieben Spross!
Bald pfeift auch er im Maiengarten –
die Qual ist weg – die Freude groß!

Wieder im Mai

Wieder ist es Mai geworden,
der Frühling strahlt mit neuer Pracht.
Die Wiesen leuchten voller Orden
nach des langen Winters Nacht.
Doch nebst abertausend Blüten
wuchs eine Blüte still heran,
zum Hegen, Pflegen und Behüten –
wie es nur Elternliebe kann.

Der Blog

Der Blog, eine brodelnde Suppe
von Exponenten jeder Gruppe,
ein eifrig Volk, dauernd am Hirnen
mit runzelnder Stirn und roten Birnen.
Wenn Freude herrscht und Friede auch,
so ist's des guten Herzens Brauch.
Und sollte jemand davon weichen,
wird er die Rechnung einst begleichen,
auch wer sich nicht zum Guten lenkt
und gegen seinen Nächsten denkt:
Und willst du nicht mein Bruder sein,
so schlag ich dir den Schädel ein.

Missgunst

Neid sprüht Verachtung unverhohlen,
vermeintlich unbemerkt – verstohlen
verzieht er dann – auf leisen Sohlen.

Falsche Weggefährten

Was frag' ich deinen Rat, oh Weggefährte,
der du mir höhnend, unversöhnend Antwort gibst?
Was frag' ich dich, der meinen Hass nur nährte,
und, der du hassend, auf meines Herzens Freuden hiebst?

Die Lüge

Jeder Mensch kann die Wahrheit sagen, falls er sie weiß,
doch falls er sollte und nicht will, rinnt kalter Schweiß.
Und wird die Wahrheit ihm zum Ungeheuer,
dann wird ihm auch der Schweiß sehr teuer,
sodass es gilt – um des Egos Willen –
die Wahrheit meuchlings, als gute Tat, zu killen.

Nur den Einen

Wie ist mir so schwer
und ich fühle mich leer
und einsam in der Masse,
auf die ich mich nicht verlasse,
ja, doch überhaupt nicht verlassen kann,
denn, wo ist der unbestechliche Mann?
Ich kenne nur einen – über allem Mist –
er lebt – und heißt Jesus Christ.

Durchbruch

Ob in goldenen Schuhen oder in Sandalen,
man läuft, sucht das Glück in der Horizontalen,
abwechselnd: mit geschwellter Brust,
bald stolpernd, dann in der Seele Frust,
und hast du genug von all den Qualen,
suchst du den Frieden in der Vertikalen,
und hörst du des Vogels frohes Lied,
dann weißt du, wer es ihm beschied.
Es streift unser Ohr, durchbricht die Sphäre,
und gibt unserm Schöpfer allein die Ehre.

Huhn oder Ei?

Hat jemand die Frage, was zuerst gewesen:
ob Huhn oder Ei – und zu welchen Spesen?
Dann sollte man zuerst das Hirn einschalten
und die Intelligenz befragen, wie sie würde walten?
Vermutlich würde sie einem dann befehlen,
sich ja nicht etwa mit Ausbrüten zu quälen,
sondern fröhlich ein Huhn und einen Gockel zu schaffen,
um hernach in Muße ein Ei zu begaffen.

(Hat dazu Intelligenz noch Fragen?)

Die Macht der Berge

Kraftstrotzend durchschneidet ihr Berge
bekleidet mit Neuschnee des Himmels Gewand!
Ihr Spiegel der Sonne macht trunken mein Auge,
macht bebend, eratmend mein Herz!
Ihr Reinen, macht wanken gottferne Gedanken,
sich beugend entflieh'n muss der Scherz.
Ihr Riesen, ersticket das Laute –
erquicket schweig' ich vor euch.

Verspätete Gratulation

Otto, liebster Otto mein!
Der schönste Tag ist heute dein!
Denk, vor 61 Jahren,
hieß es: Otto, losgefahren!
Leider hätt' ich's fast vergessen,
darum bin ich ganz versessen,
dir noch heut' zu gratulieren,
dich noch heut' zu titulieren
mit Worten – holden und mit schönen,
denn morgen – kann es anders tönen!

Hilferuf eines Mitangestellten

Kollegen,
hat jemand irgendwo meine schwarze Schreibmappe und/oder meinen schwarzen Mont Blanc Kugelschreiber gefunden??? (etwa vor 3 Wochen schon passiert) Bitte um Hilfe.
Vielen Dank im Voraus –
Donald A. Schippers

Meine Antwort

Werter Donald,

falls der Finder Kugelschreiber so liebt wie ich,
das Edle aber aus seinem Charakter entwich,
dann hast du, lieber Kollege, trotz Rufen und Flehen,
dein Schmuckstück – vermutlich – für immer gesehen!
Doch zum Trost: Gäbe es hier nur Hallunken,
wäre unser Schiff schon längstens gesunken.

Limericks

Ein Kerl, ein wahrhaftiger Brocken,
erzählte mir kürzlich mit Stocken:
Er suche seit Wochen,
ununterbrochen,
in Stocken seine Kniesocken.

Ich kannte nen Metzger aus Wielen,
der übte mit Eifer das Schielen,
dann schrie er: „Welch ein Glück!"
wenn beim Schlachten acht Stück
statt nur vier Schweinchen umfielen.

Da gab's eine Dame in Amden,
die trug einen Korb voller Randen
über die Straß,
doch die war nass,
da musste die Dame notlanden.

Vor Kurzem verkaufte in Quarten
ein Gärtner weinend seinen Garten,
denn er musste entdecken,
zu seinem Erschrecken,
dass im Kabis die Schnecken sich paarten.

Zum Abschied vom Portier

Ach, Rudi, bei deinem schweren Eisentor
quietschbremsend oft ich so viel Zeit verlor,
doch stets warst du behände schnell zur Stelle,
gabst einen Schlupfspalt und winktest mit der „Kelle".
Doch sollte künftig niemand öffnen – musst du wissen –
dann wird das Eisentor, samt Drehkreuz, einfach ausgerissen!

Zum Abschied einer Allroundsekretärin

Als ich noch Verkaufssekretärin war –
das war ja schon vor manchem Jahr –
da hatte ich eine Bomben-Crew,
da war ich auf Achse, Stress war meine Ruh.
Da häuften sich Haufen von Korrespondenzen
zu mehreren Stapeln von Pendenzen,
doch das Wichtigste hatte immer Priorität –
wer mit Unwichtigem kam, der kam zu spät,
doch das Wichtigste hatte es immer in sich,
nur, was wichtig war, bestimmte ich.

Sommertraum

Oh hätt' ich Flügel, mächt'ge Schwingen,
oder auch zarte Flügel nur,
mein Herz tät dauernd Lieder singen
über Berg und Wald und über Flur.
An strahlend blauen Sommertagen
würd' ich über Täler zieh'n,
würd' hoch mich, immer höher wagen,
mich wagen bis zum Äther hin –
würd' jauchzen über Felsenkuppen,
schwebend überm Gletscherfeld,
tät jedem Wandrer freudig winken
und meine Augen satt mir trinken
vom quellend Schönen dieser Welt.

Abschied vom Herbst

Der Nebel senkt sich in das Tal,
des Sommers Freuden sind gewichen,
fast jeder Baum ist jetzt schon kahl,
der Winter kommt herangeschlichen.

Der Acker ruht, und auch der Bauer,
der ihn besät hat, wie sich's frommt,
und der Same, auf der Lauer,
ahnt, dass der Frühling wieder kommt.

Feuerbachs Gotteserweis

Ludwig Feuerbach, der Kühne,
trat längst ab, von unsrer Bühne,
doch die meisten, von den andern,
heut noch hinter ihm her wandern:
„Feuerbach!" – mit Ehrfurcht raunend,
Ludwig Feuerbach bestaunend:
Er hat die Welt von Gott „erlöst"!
Wer das nicht weiß, unwissend döst.
Denn Gott sei reine Projektion,
dies wisse jedes Kind doch schon –
wie groß war die Entdeckerfreude!
Doch kehrte sie sich schnell zum Leide:
Denn: Will man etwas projizieren,
muss zuvor viel Geist studieren,
zum Konstruieren und zur Tat,
für einen genialen Projektions-Apparat.
Jetzt dürften Sie auch wissen – wem Sie sollen
für Ihren Kopf dankend Beifall zollen!

Meine Wenigkeit

… hat Anstoß daran genommen, dass unsinnige Kormoran-Populationen als Gefährdung der einheimischen Fischbestände und zum Schaden der Fisch nutzenden Bevölkerung seit Jahrzehnten ohne angemessene Regulierung geduldet werden, dies, obschon natürliche Feinde zur Regulierung fehlen – wie bei den Wildschweinen auch.
So wurde mir dann eines Tages folgende unmissverständliche Aufforderung zum „Umdenken" mittels einer Kreation des Dichters Rainer Brambach zugesandt:

Organischer Fehler
(von Dichter Rainer Brambach)

Liegt es am Trommelfell? Mein Gehör
ist seit Tagen anders gestimmt.
Als der Fisch am Haken hing,
schrillte mir sein Angstgeschrei entgegen.
Ich habe meine Zunftkarte zerrissen
und das Angelgerät verkauft.

Meine Antwort auf „Organischer Fehler"

Die Fische erzählten sich froh und heiter:
„Nun geht das Leben wieder sorglos weiter,
denn Rainer Brambachs rührige Liebe
endlich widerstand seinem Fischertriebe."
Ein weiser Fisch nur, seine Schuppen raufte,
weil Brambach sein Angelgerät verkaufte.
Und plötzlich – die Fische erstarrten im Lauschen –
erscholl ein mächtiges Kormoranrauschen,
und alsbald, gepackt vom schwarzen Gefieder,
schrien sie voll Qual: „Ach fischte doch Brambach nur wieder!"

Wildschweinjagd

Bei ihrer Wildschwein mäßigen Überfülle
reduziert man Wildschweine nicht mit der Pille,
doch darf man sie wohl oder übel erjagen
und nicht über zu viele Wildschweine klagen.
Ein kluger und effizienter Jäger rät:
Man jage sie – mittels Nachtsichtzielgerät!

Vom Elend zur Herrlichkeit

Ob wir singen, fluchen oder munkeln,
Tatsache ist: Wir sind im Dunkeln!
Wir wissen nicht, woher wir kommen,
und bei allem, was wir erklommen,
ist der Tod uns dennoch gewiss –
kommt auf uns zu als großer Riss,
der brutal uns das Leben entreißt
und uns den Weg zur Grube weist.

Doch vom Makabren lasst uns weichen,
denn es winkt ein bessres Zeichen:
ew'ger Friede und Barmherzigkeit!
Der Weg dahin, er ist nicht weit:
Der Schöpfer, der uns konzipiert,
hat längst seine Gnade uns serviert:
zu hoffen, dass über den Tod hinaus,
uns winkt das himmlische Vaterhaus!

Hoffnung

Jeder hat so seine Schwächen,
jeder hat so seine Art,
dieses alles wird zerbrechen
und zerbrochen aufgebahrt!

Leuchten wird zuletzt der Eine,
der sein Leben für uns gab,
opfernd, als der sündlos Reine
starb am Kreuz und ging ins Grab!

Strahlend, wie ER auferstanden,
erwartet er in hellem Licht,
die Elenden aus allen Landen,
und bewahrt sie vorm Gericht!

An einen Atheisten

Oh, auch deine Reime lassen sich wohl sehen,
und samt den Versen kann man sie gut verstehen.
Sie offenbaren deine negierende Resistenz:
Die Schöpfung sei nicht eines Schöpfers Referenz.

Und doch hat des Schöpfers Geist Menschen gefunden,
durch deren Geist er kann sein Wesen bekunden.
Gewiss können wir mit unsern Resistenzen,
mit starrköpfigem Verhalten gleich gut glänzen.

Göttliches ist für dich bloß menschlicher Natur
für mich, so klar – erweist es sich als Gottes Spur,
Doch wissen wir nicht, wie viel Zeit wir noch haben,
um dem Schöpfer zu danken für seine Gaben.

So war es: Gott wirkte durch ein menschlich Gesicht,
in Christus gekommen – abzuwenden das Gericht.
Doch schert Unglaube alles über einen Kamm,
ignoriert seine Schuld vor Gott und seinem Lamm.

Im Verstand gefangen – ihn zum Gott erhoben,
schwankt er – zwischen Hoffnungslosigkeit und Toben.
Die Lüge der Verblendung ist sein Zufluchtsort,
weil er verachtet das wahre, göttliche Wort.

Über Logik haben wir schon oft gesprochen,
doch hast ihren besten Braten nicht gerochen:
Ein super genialer Schöpfer musst' es sein,
der das Gehirn schuf und uns lädt zum Denken ein.

Wie überhaupt der genetische Code entstand,
wo man den Super-Bauplan (!) für den Menschen fand.
Ein Bauplan führt Denkende zwingend zur Essenz:
dass Intelligenz – nur kommt von Intelligenz!

Bildquellennachweis:
S. 8, 12, 16, 20, 22, 24, 28, 30, 32, 40, 42, 50, 60, 62 © Heinz Oswald,
S. 52 © Silvio Heidler,
S. 56 © Vereinigung Naturschutz & Fischerei e.V. (vnf.webmaster.bo-hoffmann),
S. 58 © Thomas Bula, http://www.silu-silurus.com

Bewerten Sie dieses Buch auf unserer Homepage!

www.novumverlag.com

Der Autor

Heinz Oswald, Jahrgang 1944, ist Maschinenkonstrukteur und lebt in der Schweiz. Mit 22 Jahren fand er durch eine tiefe persönliche Krise auf der Suche nach dem Sinn des Lebens seine Antwort im Glauben an Jesus Christus. Dabei brach in ihm die Quelle der Poesie auf. In seinem Gedichtband „Reflexionen in der Zeit …" finden sich Werke aus insgesamt 48 Jahren Schaffenszeit wieder. Nach dem schmerzlichen Verlust seiner ersten lieben Ehefrau, mit der er sieben Kinder hatte, wurde ihm erneut eine glückliche Ehe geschenkt. Neben dem Schreiben und Lesen bereichert heute auch das Gärtnern seinen Alltag.

Der Verlag

*Wer aufhört
besser zu werden,
hat aufgehört
gut zu sein!*

Basierend auf diesem Motto ist es dem novum Verlag ein Anliegen neue Manuskripte aufzuspüren, zu veröffentlichen und deren Autoren langfristig zu fördern. Mittlerweile gilt der 1997 gegründete und mehrfach prämierte Verlag als Spezialist für Neuautoren in Deutschland, Österreich und der Schweiz.

Für jedes neue Manuskript wird innerhalb weniger Wochen eine kostenfreie, unverbindliche Lektorats-Prüfung erstellt.

Weitere Informationen zum Verlag und
seinen Büchern finden Sie im Internet unter:

w w w . n o v u m v e r l a g . c o m